La Elección de Mateo

Discipulado Básico para Niños

Escrito por Anne Marie Gosnell
Ilustrado por Emily Heinz

La Elección de Mateo:
Discipulado Básico para Niños

Ilustraciones por Emily Heinz
Traducción de Inglés a Español por Paola Barona
Servicios de publicación y diseño: MartinPublishingServices.com

ISBN: 978-1-7351329-1-4 (print), 978-1-7351329-2-1 (epub)

De Anne Marie

Este libro está dedicado a aquellos
pastores e instructores que me han
enseñado teología,
ética y cómo amar a Jesús:

Dr. Jack Layman,
Pastor Tony Qualkinbush, y
Dr. Chad Rickenbaker;
y a mis padres,

quienes constantemente
me llevaron a la iglesia.

De Emily

Por tanto, al Rey eterno, inmortal,
invisible, al único Dios, sea honor y
gloria por los siglos de los siglos. Amén.

—1 Timoteo 1:17

Gracias, Mamá y Papá, por entrenarme
en el camino que debo seguir.

Queridos Padres,

Este libro está escrito en un formato amigable para los niños. Explica lo que la Biblia nos dice acerca de la salvación, el pecado, y la vida cristiana para los niños.

Consejos para usar este libro:

1. Lea este libro a los niños mas pequeños. Si sus hijos saben leer, entonces permita que ellos le lean este libro a usted.
2. Abra una Biblia y muéstreles a sus hijos dónde se encuentra localizado el versículo. También puede subrayar los versículos, especialmente si esta usando la **Tabla de Memoria** que se encuentra al final de este libro.
3. Esté abierto a las preguntas de su hijo a medida que vaya leyendo este libro. Puede que su iglesia haga algunas cosas de manera diferente. Si no sabe la respuesta, está bien. Dígale a su hijo que encontrarán la respuesta juntos.
4. *El Libro Sin Palabras* es una herramienta desarrollada por Child Evangelism Fellowship (Compañerismo de Evangelismo Infantil). Se compone de los colores dorado, negro, rojo, blanco, azul, y verde. Cada color representa una parte del proceso de salvación. A medida que lea La Elección de Mateo, verá estos colores en las páginas a medida que él elige a Jesús.
5. Mateo interactúa con un acosador en este libro. Use esto como una oportunidad para conversar con su hijo. Si bien debemos tener un corazón de perdón, aliente a su hijo a que siempre le diga si está siendo intimidado.
6. Al final de este libro, hay una tabla para animarlo a usted y a su hijo a memorizar versículos sencillos que explican el Evangelio y cómo vivir una vida que agrada a Dios.

Si su hijo elige seguir a Jesús, es un gran compromiso. No es una decisión que se debe tomar a la ligera. ¡Es un compromiso que traerá vida eterna! ¡Que Dios bendiga a su familia!

Anne Marie Gosnell
www.futureflyingsaucers.com

Mateo cree que quiere seguir a Jesús.

Pero no está seguro.

Seguir a Jesús es un COMPROMISO. Cuando te comprometes a seguir a Jesús, te conviertes en cristiano.

Leer este libro puede ayudar a Mateo y a ti a aprender lo que significa ser cristiano y seguir a Jesús.

Compromiso
Una promesa a ser leal
o fiel a algo o a alguien.

Mateo sabe
que ha pecado.
¿Y tú?

Cuando te conviertes en cristiano...

Querrás decirle a Dios que eres un pecador.

Un pecador es cualquiera que piensa, dice o hace algo que no agrada a Dios.

"Pues todos pecaron y
NO ALCANZAN la GLORIA DE DIOS"
—Romanos 3:23 (LBLA)

No Alcanzar
Incapaz de ser perfecto como Dios

Gloria de Dios
Como es Dios. Él es eterno,
inmutable, y perfecto.

Mateo se siente apenado por las cosas malas que ha hecho. Él quiere agradar a Dios.

Cuando te conviertes en cristiano...

Querrás pedirle a Dios que TE PERDONE de tus pecados.

Cuando le pides a Dios que te perdone, debes tratar de dejar de hacer cosas pecaminosas con su ayuda. Esto se llama arrepentimiento.

"Desde entonces Jesús comenzó a predicar y a decir: Arrepentíos, porque el reino de los cielos se ha acercado."
—Mateo 4:17 (LBLA)

Perdonar
Elegir olvidar que alguien hizo algo para lastimarte o que te hizo algo malo. Dios nos limpia de nuestros pecados cada vez que nos perdona; nuestros corazones se vuelven limpios.

Mateo decide creer que Jesús puede resolver su problema de pecado.

Cuando te conviertes en cristiano...

Dirás que crees que Jesús es el SEÑOR.

Creer en Jesús significa que confías en Él y eliges vivir tu vida siguiéndolo.

"Pues si ustedes reconocen con su propia boca que Jesús es el Señor, y si creen de corazón que Dios lo resucitó, entonces se librarán del castigo que merecen. Pues si creemos de todo corazón, seremos aceptados por Dios; y si con nuestra boca reconocemos que Jesús es el Señor, Dios nos salvará."
—Romanos 10:9-10 (TLA)

Señor
Un maestro; el jefe; alguien que tiene poder sobre otro.

Mateo quiere que todos sepan lo que Jesús hizo por él.
Él decide bautizarse.

Cuando te conviertes en cristiano...

Puedes elegir ser bautizado.

Cuando eres bautizado, muestras a la gente que tu estabas MUERTO EN TUS PECADOS, pero ahora estás vivo en Jesús.

Mateo está siendo bautizado por inmersión, lo que significa que es sumergido bajo el agua.

> " Los que creyeron lo que Pedro
> dijo fueron bautizados"
> —Hechos 2:41a (NTV)

Muerto en tus pecados
Separado de Dios

Cuando te conviertes en cristiano...

Querrás obedecer a Jesús.

Obedecer a Jesús significa que Él está a cargo y ahora haces lo que Él te dice que hagas. Jesús se convierte en tu Señor.

Si deseas obedecerle, entonces necesitas saber lo que Jesús manda.

¿Cómo pueden tú y Mateo obedecer a Jesús?

"Ustedes son mis amigos,
si hacen lo que les mando."
—Juan 15:14 (TLA)

Que quiere Jesús que hagas?

Jesús quiere que ames a Dios con todo tu corazón.

> "Jesús le dijo: 'Ama al Señor tu Dios con todo tu corazón, con toda tu alma y con toda tu mente.' Éste es el más importante y el primero de los mandamientos."
>
> —Mateo 22:37-38 (DHH)

Cuando ames a Dios con todo tu corazón, comenzarás a amar lo que Dios ama.

¿Qué quiere Jesús que hagas?

Jesús quiere que busques el reino de Dios.

Buscas el reino de Dios cuando eliges hacer lo que Dios quiere en lugar de lo que tú quieres. Él gobierna tu vida.

Buscas el reino de Dios cuando ayudas a otros a aprender sobre lo que Dios ha hecho por ellos a través de Jesucristo.

> "Busquen el reino de Dios por encima de todo lo demás y lleven una vida justa, y él les dará todo lo que necesiten."
>
> —Mateo 6:33 (NTV)

¿Qué quiere Jesús que hagas?

Jesús quiere que ORES.

Dios se preocupa por lo que piensas, sientes, y haces. Puedes decirle cualquier cosa. Y si escuchas, Él también te hablará.

"Ora de la siguiente manera:
Padre nuestro que estás en el cielo,
que sea siempre santo tu nombre."
—Mateo 6:9 (NTV)

Orar
Hablar con Dios

Santo
Ser apartado

¿Qué quiere Jesús que hagas?

Jesús quiere que hagas las OBRAS que Él hizo.

Mientras Jesús vivió en la tierra, hizo muchas cosas.

Leyendo la BIBLIA podemos aprender sobre las obras que hizo Jesús.

"Les digo la verdad, todo el que crea en mí hará las mismas obras que yo he hecho y aún mayores, porque voy a estar con el Padre."

—Juan 14:12 (NTV)

Obras
Las cosas que haces

Biblia
El libro que Dios escribió
a través de hombres;
las palabras de Dios;
la carta de Dios a la gente.

¿Qué quiere Jesús que hagas?

Hay momentos en que es difícil obedecer. A veces Mateo obedece, pero tiene una mala actitud.

Jesús quiere que obedezcas a tus padres.

"Hijos, obedezcan siempre a sus padres,
porque eso agrada al Señor."
—Colosenses 3:20 (NTV)

Jesús también quiere que lo agrades con una buena actitud.

¿Qué quiere Jesús que hagas?

Jesús quiere que trates a las personas como quieres que te traten a ti.

"Haz a los demás todo lo que
quieras que te hagan a ti."
—Mateo 7:12 (NTV)

¿Cómo quieres que la gente te trate?

¿Cómo deberías tratarlos?

La Regla de Oro
Lo que muchas personas
llaman a este versículo:
"Haz a otros todo lo que
quieras que te hagan a ti."

¿Qué quiere Jesús que hagas?

Jesús quiere que ames a la gente como Él te ama a ti.

Jesús te ama tanto que entregó su vida para que pudieras tener la vida eterna.

> " Así que ahora les doy un nuevo mandamiento: ámense unos a otros. Tal como yo los he amado, ustedes deben amarse unos a otros."
> —Juan 13:34 (NTV)

¿Qué es algo a lo que puedes renunciar para mostrar amor a otra persona?

¿Qué quiere Jesús que hagas?

Jesús quiere que ames y ores por las personas que no gustan de ti.

¿Alguien ha sido malo contigo?

Ora para que ellos elijan seguir a Jesús.

"Pero ahora yo les digo: Amen a sus enemigos y oren por quienes los maltratan. Así demostrarán que actúan como su Padre Dios, que está en el cielo. Él es quien hace que salga el sol sobre los buenos y sobre los malos. Él es quien manda la lluvia para el bien de los que lo obedecen y de los que no lo obedecen. Si ustedes aman sólo a quienes los aman, Dios no los va a bendecir por eso."

—Mateo 5:44-46 (TLA)

¿Qué quiere Jesús que hagas?

Jesús quiere que PERDONES a las personas tal como Él te perdona.

> "Entonces Pedro fue y preguntó a Jesús: "Señor, ¿cuántas veces deberé perdonar a mi hermano, si me hace algo malo? ¿Hasta siete? Jesús le contestó: No te digo hasta siete veces, sino hasta setenta veces siete."
> —Mateo 18:21-22 (DHH)

¿Necesitas perdonar a alguien?

Perdonar

Elegir olvidar que alguien hizo algo para lastimarte o que te hizo algo malo. Aunque todavía te sientas enojado o triste, eliges olvidarlo de todos modos.

¿Qué quiere Jesús que hagas?

Jesús quiere que le pidas a Dios que envíe trabajadores.

> "A sus discípulos les dijo: 'La COSECHA es grande, pero los obreros son pocos. Así que oren al Señor que está a cargo de la cosecha; pídanle que envíe más obreros a sus campos.'"
> —Mateo 9:37-38 (NTV)

Dios usa trabajadores, o misioneros, para predicar el EVANGELIO. Jesús quiere que seas un misionero en tu casa y ciudad.

Cosecha

Las personas que han elegido tener a Jesús como su Señor.

Evangelio

Las buenas noticias de Jesús

¿Qué quiere Jesús que hagas?

Jesús quiere que prediques el evangelio y hagas seguidores, o DISCÍPULOS.

¡Puedes ayudar a traer la cosecha!

¿Con quién puedes compartir el evangelio?

El evangelio es la buena noticia de que Jesús nos salva de nuestros pecados. Cuando compartes el evangelio, le cuentas a otros acerca de Dios y de Jesús.

"Vayan, pues, a las gentes de todas las naciones, y háganlas mis discípulos; bautícenlas en el nombre del Padre, del Hijo y del Espíritu Santo, y enséñenles a obedecer todo lo que les he mandado a ustedes. Por mi parte, yo estaré con ustedes todos los días, hasta el fin del mundo."

—Mateo 28:19-20 (DHH)

Discípulos
Aquellos que siguen a Jesús.
Los discípulos son bautizados y obedecen los mandamientos de Jesús.

Memory Verses
- ✓ John 3:16
- ✓ Romans 3:23
- ✓ Ephesians 2:8-9
- ☐ Philippians 4:8
- ☐ Proverbs 3:23

Phil 4:8

John 3:16

¿Qué quiere Jesús que hagas?

Jesús quiere que conozcas y leas la Biblia.

Cada palabra en la Biblia es palabra de Dios.

Cuando leas la Biblia, memoriza algunos de los versículos. Esto te ayudará a recordar lo que Jesús dijo y lo que quiere que hagas.

"Él respondió y dijo: 'Escrito está:
"No sólo de pan vivirá el hombre, sino de toda
palabra que sale de la boca de Dios."
—Mateo 4:4 (RVR1995)

¿Qué quiere Jesús que hagas?

Jesús quiere que recuerdes su muerte y RESURRECCIÓN.

Puedes recordar esto al ser parte de la Cena del Señor en tu iglesia local.

La Cena del Señor es llamada Comunión.

"Tomó un poco de pan y dio gracias a Dios por él. Luego lo partió en trozos, lo dio a sus discípulos y dijo: 'Esto es mi cuerpo, el cual es entregado por ustedes. Hagan esto en memoria de mí'. Después de la cena, tomó en sus manos otra copa de vino y dijo: 'Esta copa es el nuevo pacto entre Dios y su pueblo, un acuerdo confirmado con mi sangre, la cual es derramada como sacrificio por ustedes."

—Lucas 22:19-20 (NTV)

Resurrección
El evento en el cuál Jesús regreso a la vida después de estar muerto.

Apóstoles
Los hombres que vieron a Jesús cara a cara en la tierra y fueron enviados a compartir el mensaje acerca de Él con otros.

¿Qué quiere Jesús que hagas?

Jesús quiere que des.

Puedes dar llevando el DIEZMO a tu iglesia local.

También puedes dar cada vez que veas a alguien en necesidad.

"Donde esté tu tesoro, allí estarán también los deseos de tu corazón."
—Mateo 6:21 (NTV)

Diezmo
Un regalo de acción de gracias dado a Dios; equivale a una décima parte de las ganancias, pero siempre puedes dar más.

Si crees en Jesús, entonces tienes FE en Él.

Es tu fe lo que agrada a Dios y te hace JUSTO. Pero incluso tu fe viene de Dios.

"Puesto que Dios ya nos ha hecho justos gracias a la fe, tenemos paz con Dios por medio de nuestro Señor Jesucristo."
—Romanos 5:1 (DHH)

"Pero no es posible agradar a Dios sin tener fe, porque para acercarse a Dios, uno tiene que creer que existe y que recompensa a los que lo buscan."
—Hebreos 11:6 (DHH)

Mateo tiene fe en Jesús. ¿Y tú?

Fe
Confianza en Dios. Unas veces podemos tener una fe grande, y otras veces es tan pequeña como una semilla de mostaza.

Justo
Bien con Dios.

Paz
No conflicto; no pelear con Dios.

Si crees en Jesús, entonces el Espíritu Santo vive en ti.

Cuando Jesús regresó al cielo, envió al Espíritu Santo para ayudar a la gente.

El Espíritu Santo es Dios y es tu ayudador.

El Espíritu Santo te dice cuando haces mal. Él también te ayuda a hacer las cosas que Jesús quiere que hagas.

"Pero ustedes ya no viven según esas inclinaciones, sino según el Espíritu, puesto que el Espíritu de Dios vive en ustedes. El que no tiene el Espíritu de Cristo, no es de Cristo."

—Romanos 8:9 (DHH)

Cielo

Jesús lo llamó la casa de Su Padre. Él está preparando un lugar sin dolor, sin sufrimiento, y sin lágrimas para aquellos que creen en Él.

Si crees en Jesús, entonces tu hogar está en el cielo.

"En la casa de mi Padre hay lugar para todos. Si no fuera cierto, no les habría dicho que voy allá a prepararles un lugar."

—Juan 14:2 (TLA)

Mateo sabe que cuando él muera va a estar con Jesús en el cielo.

"Pues nos levantó de los muertos junto con Cristo y nos sentó con él en los lugares celestiales, porque estamos unidos a Cristo Jesús."

—Efesios 2:6 (NTV)

Es posible que tengas preguntas sobre:

- Dios
- Jesús
- El Espíritu Santo
- Bautismo
- La Biblia
- La Iglesia
- Servir a Jesús

Habla con un maestro de la iglesia, tu líder, o tus padres. Ellos pueden ayudarte.

Es importante que estés seguro que eres cristiano.

Contesta estas preguntas:

¿Qué hizo Jesús por ti?

"Pues Dios amó tanto al mundo, que dio a su Hijo único, para que todo aquel que cree en él no muera, sino que tenga vida eterna."
—Juan 3:16 (DHH)

Jesús es el hijo de Dios. Murió en la cruz y resucitó de entre los muertos. ¡Te dio vida eterna!

¿Cómo sabes que vivirás para siempre con Jesús? Lea el versículo a continuación para obtener ayuda.

"El que tiene al Hijo tiene la vida; el que no tiene al Hijo de Dios no tiene la vida. Les he escrito estas cosas a ustedes, que creen en el nombre del Hijo de Dios, para que sepan que tienen vida eterna."
—1 Juan 5:12-13 (NTV)

Hacer lo que Jesús te dice que hagas puede ser difícil a veces, pero Él nunca te dejará.

Vale la pena.

¡Te alegrarás de haberte comprometido a seguir a Jesús!

"Al que soporta las dificultades, Dios lo bendice y, cuando las supera, le da el premio y el honor más grande que puede recibir: la vida eterna, que ha prometido a quienes lo aman."

—Santiago 1:12 (TLA)

Glosario

Apóstoles: Los hombres que vieron a Jesús cara a cara en la tierra y fueron enviados a compartir el mensaje acerca de Él con otros.

Biblia: El libro que Dios escribió a través de hombres; las palabras de Dios; la carta de Dios a la gente.

Compromiso: Una promesa a ser leal o fiel a algo o a alguien.

Muerto en tus pecados: Separado de Dios

Discípulos: Aquellos que siguen a Jesús. Los discípulos son bautizados y obedecen los mandamientos de Jesús.

Fe: Confianza en Dios. Unas veces podemos tener una fe grande, y otras veces es tan pequeña como una semilla de mostaza.

No Alcanzar: Incapaz de ser perfecto como Dios

Perdonar: Elegir olvidar que alguien hizo algo para lastimarte o que te hizo algo malo. Dios nos limpia de nuestros pecados cada vez que nos perdona; nuestros corazones se vuelven limpios.

Gloria de Dios: Como es Dios. Él es eterno, inmutable y perfecto.

Evangelio: Las buenas noticias de Jesús.

Cosecha: Las personas que han elegido tener a Jesús como su Señor.

Cielo: Jesús lo llamó la casa de Su Padre. Él está preparando un lugar sin dolor, sin sufrimiento, y sin lágrimas para aquellos que creen en Él.

Santo: Ser apartado para Dios.

Señor: Un maestro; el jefe; alguien que tiene poder sobre otro.

Paz: No conflicto; no pelear con Dios.

Orar: Hablar con Dios.

Resurrección: El evento en el cuál Jesús regresó a la vida después de estar muerto.

Justo: Bien con Dios

La Regla de Oro: Lo que muchas personas llaman a este versículo: "Haz a otros todo lo que quieras que te hagan a ti."

Diezmo: Un regalo de acción de gracias dado a Dios; equivale a una décima parte de las ganancias, pero siempre puedes dar más.

Obras: Las cosas que haces.

Versículos para memorizar

Memoriza los siguientes versículos. Use la tabla para darle seguimiento a sus logros.

Si su hijo memorizara alguno de estos versículos, ¡me encantaría saberlo!

Comparta su progreso en la página de Facebook de FutureFlyingSaucers o contácteme escribiendome a futureflyingsaucers@klopex.com.

Versiculos	¡Puedo decirlo!
Romanos 3:23	
Mateo 4:17	
Romanos 10:9-10	
Hechos 2:41	
Juan 15:14	
Mateo 22:37-38	
Mateo 6:33	
Mateo 6:9	
Juan 14:12	
Colosenses 3:20	
Mateo 7:12	
Juan 13:34	
Mateo 5:44-46	
Mateo 18:21-22	

Versiculos	¡Puedo decirlo!
Mateo 9:37-38	
Mateo 28:19-20	
Mateo 4:4	
Lucas 22:19-20	
Mateo 6:21	
Romanos 5:1	
Hebreos 11:6	
Romans 8:9	
Juan 14:2	
Efesios 2:6	
Juan 3:16	
1 Juan 5:12-13	
Santiago 1:12	

Agradecimientos

Gracias al pastor Josh Phillips por animarme a escribir este libro.

Gracias a Emily Heinz por arriesgarse con su antigua maestra de cuarto grado para crear un recurso para los niños.

Gracias a Stephanie Jackson, quien se ha convertido en mi brazo derecho en el ministerio en línea y mi amiga.

Cómo guiar a un niño a Cristo

La salvación es algo muy importante y no quieres que un niño decida sobre algo que realmente no puede entender. Si en algún momento siente que hay confusión o incertidumbre por parte del niño, diga: "*Puedo ver que Dios está trabajando en tu corazón. Quiero que sigas escuchando y aprendiendo.* "

Haga muchas preguntas para que el niño tenga que pensar en lo que está haciendo. Estas preguntas no deben responderse con un "Sí", "No" o "Jesús". Usa muchas escrituras para que la palabra de Dios funcione.

En este momento, guíe al niño en oración y pídale al niño que repita después de usted, o puede decirle qué información debe incluir al pedirle la salvación a Dios:

- Admite a Dios que eres un pecador.
- Di que lamentas esos pecados. Pide perdón.
- Dile a Jesús que crees que Él es el Hijo de Dios y que murió en la cruz y resucitó.
- Confiesa que Jesús es tu Señor y Maestro.
- Da gracias a Dios por salvarte.

Una vez que el niño haya orado, lea Hebreos 13: 5b y 6a. Pregunte: *¿Qué ha hecho Jesús por ti?* Esto dará seguridad de salvación.

Ejemplos de preguntas de asesoramiento

1. ¿Por qué has decidido hablar conmigo?
2. ¿Por qué necesitas a Jesús como tu Salvador?
3. ¿Qué es el pecado?
4. ¿Cuáles son algunos ejemplos de pecado?
5. ¿Puedes hacer algo para deshacerte del pecado?
6. Lee Romanos 3:23.
7. ¿Quién es Jesús?
8. ¿Qué hizo Jesús por ti?
9. Lea 1 Corintios 15: 3-4.
10. Lea Juan 3:16 o Hechos 16:31.
11. ¿Te gustaría orar a Dios y recibir a Jesús ahora?

Otros libros por Anne Marie Gosnell

Lecciones bíblicas flexibles, para varias edades, y económicas.

Porque el tiempo es corto.
El caos en el aula no es divertido.
Enseñe intencionalmente.

Ayudo a los padres ocupados y a los líderes de la iglesia a enseñar lecciones bíblicas objetivas divertidas, flexibles, para varias edades, y amigables con el presupuesto que mejoran el crecimiento espiritual de los niños.

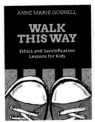

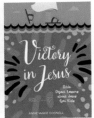

Made in the USA
Monee, IL
22 November 2021

82365422R00040